Le château jusqu'en 1633

Un château des Hohenstaufen

Armoiries de l'abbaye de Saint-Denis, vitrail, début du XXe siècle (salle du Kaiser).

En 777, Charlemagne donne une grande partie de la vallée de Sainte-Marie-aux-Mines au prieuré de Lièpvre, qui dépend de l'abbaye royale de Saint-Denis, près de Paris. La donation inclut une montagne appelée Staufenberg; c'est elle qui portera plus tard le château.

En 1147, le roi de France Louis VII et l'empereur Conrad III de (Hohen)Staufen participent ensemble à la deuxième croisade. Eudes de Deuil, moine de Saint-Denis qui accompagne Louis, demande vainement au roi d'intervenir auprès de Conrad pour qu'il cesse de « faire tort à saint Denis au sujet du château d'Estuphin » (forme romane de Staufen), où, précise-t-il, « l'empereur possède une tour et le duc Frédéric l'autre, ainsi que tout le reste ». Cette phrase montre qu'au moment où il est mentionné pour la première fois dans un texte le futur Hohkœnigsburg est déjà un château double et qu'il appartient aux Staufen. En effet, le duc Frédéric de Souabe est le futur empereur Frédéric Ier Barberousse. En 1147, il vient de succéder à son père Frédéric le Borgne, frère de Conrad III. C'est très probablement de son père qu'il a hérité sa part d'Estuphin. Si Conrad III et Frédéric le Borgne ont tenu ensemble ce château, c'est sans doute qu'eux-mêmes l'ont hérité de leur père Frédéric († 1105), premier duc de Souabe du lignage des

Double page précédente **Vue aérienne des parties sud du château;** au fond, le val de Lièpvre.

Mariage et départ de Louis VII pour la deuxième croisade, enluminure française, XIVe siècle, in *Grandes Chroniques de France. Chroniques de Saint-Denis* (Chantilly, musée Condé).

Le château du Haut-Kœnigsbourg

Monique Fuchs, *conservateur en chef du patrimoine*
Bernhard Metz, *archiviste*

Dominant la plaine d'Alsace et les vallées vosgiennes de Villé et de Sainte-Marie-aux-Mines, le château du Haut-Kœnigsbourg dresse sa fière silhouette de grès rose au sommet d'un éperon rocheux à 757 mètres d'altitude, au-dessus de Sélestat. Mentionné pour la première fois en 1147, ce château a connu plusieurs modernisations, notamment à la fin du XVe siècle lorsque les Tierstein le transformèrent en résidence tout en adaptant son système de défense à l'artillerie. Au XVIIe siècle, la guerre de Trente Ans ravage l'Europe centrale et le Haut-Kœnigsbourg. Abandonné, le château tombe en ruine jusqu'en 1899. Offert par la ville de Sélestat à Guillaume II, il renaît au début du XXe siècle. Faire revivre l'époque des chevaliers, légitimer les Hohenzollern à la tête de l'Empire et offrir un musée du Moyen Âge, telles étaient les ambitions de Guillaume II et de son architecte Bodo Ebhardt.

La résistance à l'empereur et les conséquences de la Première Guerre mondiale montrèrent la vanité de ces prétentions, jetant le discrédit sur la restauration du Haut-Kœnigsbourg. La réconciliation franco-allemande et l'évolution de la réflexion sur les restaurations ont permis, sans en ignorer les limites, de mesurer l'intérêt des principes adoptés par Bodo Ebhardt.

Frédéric Ier Barberousse, miniature bavaroise, 1188 (Rome, bibliothèque apostolique du Vatican).

Hohenstaufen. Celui-ci a joué un grand rôle dans les guerres entre les partisans du pape et ceux de l'empereur; mais ce n'est pas le seul motif qu'il avait de fortifier ses terres : partout à cette époque, les seigneurs élèvent des châteaux pour protéger leurs biens et les accroître au détriment de leurs voisins. Or les Staufen possèdent depuis le milieu du XIe siècle une importante seigneurie autour de Sélestat (où ils fondent le prieuré de Sainte-Foy en 1094) et de Kintzheim. D'autre part, Orschwiller, Saint-Hippolyte (au pied du château) et Entzheim (au sud-ouest de Strasbourg), villages qui appartenaient primitivement au prieuré de Lièpvre, relèvent plus tard de Hohkœnigsburg : cela justifie la plainte d'Eudes de Deuil et montre que le château a permis aux Staufen d'usurper les biens des moines.

Après cette première mention en 1147, on n'apprend plus rien de précis sur le château pendant un siècle,

Les noms du château

Le premier nom de l'actuel Haut-Kœnigsbourg est celui de la montagne qui le porte : *Staufen* ou *Staufenberg*. Attesté dès 777 mais aujourd'hui oublié, c'est un nom banal : il en existe au moins trois autres en Alsace et d'innombrables en Allemagne. Il désigne en général un sommet plus ou moins pyramidal, d'où l'on découvre un vaste horizon. L'un d'eux, en Souabe, à 40 kilomètres à l'est de Stuttgart, porte le château dont le lignage de (Hohen)Staufen a pris le nom à la fin du XIe siècle. Que cette famille ait également détenu le Staufen alsacien est une pure coïncidence.

À partir de 1157 apparaît le nom *Kœnigsburg* (château du roi) : c'est que Frédéric Barberousse, roi depuis 1152, en possède la moitié (et la totalité au moins dès 1167). Toutefois, en Lorraine, le château était encore connu en 1250 sous les noms *St(a)ufen* ou *Estuphin* (selon prononciation romane).

Le nom *Hohkœnigsburg* n'apparaît qu'au milieu du XVe siècle. Le préfixe *hoh-* (haut) sert habituellement à distinguer un château de montagne d'un autre du même nom mais situé plus bas (ainsi à Eguisheim, Hattstatt, Andlau...). Ici, comme il n'y a guère de Bas-Kœnigsbourg, le *hoh-* sert sans doute à distinguer Kœnigsburg du château de Kintzheim, à l'origine Kœnigsheim (maison du roi). La forme française *Haut-Kœnigsbourg* n'est attestée que depuis le XIXe siècle.

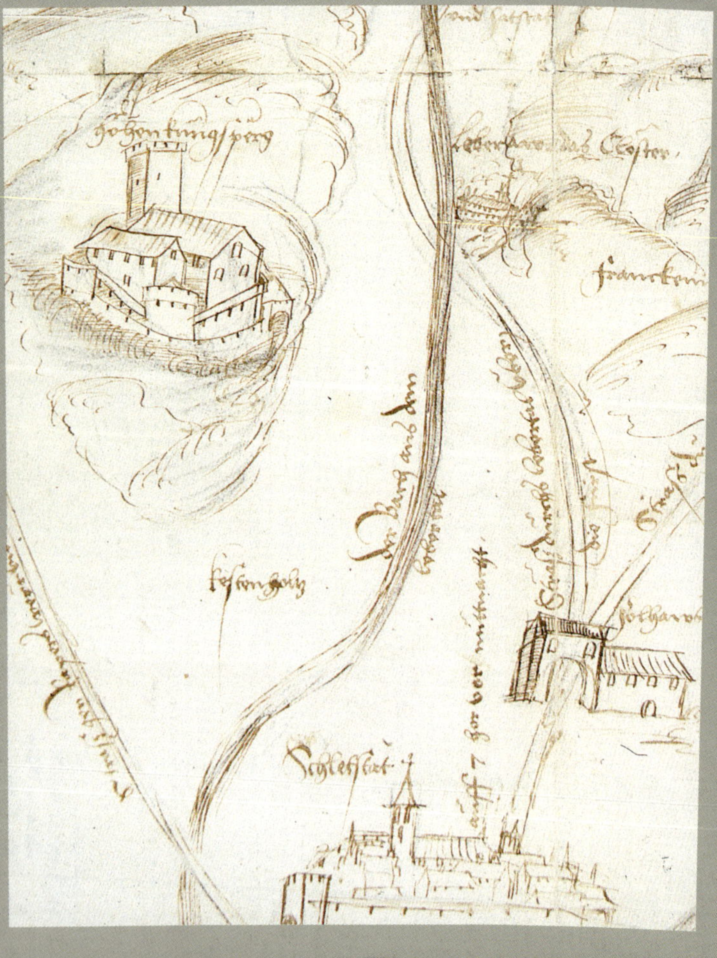

Carte des environs de Kœnigsburg, XVIe siècle, dessin à la plume sur papier (Innsbruck, archives du Tyrol). Cette carte est publiée par Bodo Ebhardt en 1909 dans *Der Burgwart.* En haut à gauche, le château et, à droite, Lièpvre avec son prieuré ; en bas, la ville de Sélestat.

La dynastie des Hohenstaufen

Les Hohenstaufen, qui ont probablement construit le château, sont à l'origine une famille comtale de Souabe. Dès le XIe siècle, ils ont par mariage des biens en Alsace. Dans la querelle des Investitures, conflit entre l'empereur Henri IV (1084-1106) et la papauté, ils prennent vigoureusement parti pour l'empereur, qui en 1079 avait accordé à Frédéric de Staufen la main de sa fille et le duché de Souabe. Les fils de ce couple – Conrad III, le premier Staufen devenu roi (1138-1152), et Frédéric le Borgne, duc de Souabe (1105-1147) – sont les premiers possesseurs attestés de Hohkœnigsburg. Frédéric Barberousse est le fils du second et le successeur du premier sur le trône (1152-1190). Son petit-fils Frédéric II (roi en 1212, empereur de 1220 à 1250) hérite de sa mère le royaume de Sicile et de Naples. Cela envenime les traditionnels conflits des Staufen avec le pape, lequel se sent menacé d'encerclement. En difficulté au nord et au sud, Frédéric II a tendance à abandonner l'Allemagne à son sort et à y faire des concessions aux princes, dans le vain espoir de les apaiser et d'avoir ainsi les mains libres en Italie. En 1246, à l'appel du pape, les princes allemands élisent un anti-roi. La guerre civile éclate et, à la mort de Frédéric II en 1250, l'Empire échappera aux Hohenstaufen.

Conrad III, gravure de A. Göbel, in *Die deutschen Kaiser nach den Bildern,* 1847, d'après une peinture de F. Fellner [1799-1859] (Berlin, Archiv für Kunst und Geschichte).

Frédéric Ier Barberousse, empereur de la dynastie des Hohenstaufen, statuette polychrome, 1910-1912 (salle du Kaiser).

période pourtant capitale pour son histoire et son architecture puisque à cette époque sont bâties les parties romanes encore visibles dans le donjon, le haut jardin, les murs du haut château… Il mérite alors le nom *Kœnigsburg* (château du roi) qu'il porte depuis 1157.

Bannière aux armes des comtes de Werd, landgraves de Basse-Alsace, copie (1998) d'une bannière du début du XXe siècle (salle du Kaiser).

En 1250, Cuno de Bergheim, petit noble alsacien, conclut un singulier traité avec le duc de Lorraine : de ce dernier il tiendra en fief le château d'Estuphin, mais il pourra l'utiliser au service de Frédéric II (alors que le duc est dans le camp adverse) ; Cuno recevra un dédommagement de 200 marcs d'argent si le duc croit devoir rendre la forteresse en fief au fils mineur du comte de Werd, landgrave♦ de Basse-Alsace – ce qu'il fait un peu plus tard, avant 1270 en tout cas. D'où proviennent les droits de Cuno ? On l'ignore. Peut-être a-t-il conquis le château au cours de la guerre civile. Et ceux du duc ? Il ressort du traité de 1250 que le landgrave tenait déjà de lui le château en fief – sans doute depuis avant 1238. Le duc était l'avoué (le protecteur en principe, presque le propriétaire en réalité) du prieuré de Lièpvre. À ce titre, il pouvait reprendre à son compte les revendications des moines au sujet du château bâti sur leurs terres. On peut imaginer que Frédéric II lui ait cédé Kœnigsburg parmi les concessions qu'il faisait aux princes de l'Empire pour obtenir leur neutralité envers le pape – d'autant plus aisément que ce château ne lui était plus indispensable depuis qu'en 1217 il avait fait de Sélestat une ville fortifiée. Mais tout cela n'est qu'hypothèse.

♦***Landgrave*** *: titre honorifique donné en Allemagne à certains comtes.*

Rathsamhausen et Hohenstein : plusieurs familles, plusieurs châteaux

Les choses sont encore plus complexes. En 1267, trois branches de la famille de Rathsamhausen (petite noblesse de moyenne Alsace) ont part à Kœnigsburg. En fief de qui ? On ne sait. À partir de 1398 en tout cas, des Rathsamhausen tiennent de l'Empire une part de Kœnigsburg. De leur côté, les Hohenstein (petits nobles du val de Bruche) tiennent le château de Kœnigsburg depuis avant 1276 jusqu'à 1462, en fief d'Empire depuis 1403 au moins. Il n'est pas exclu que jusqu'en 1359 ils l'aient tenu en fief des landgraves de Werd, mais ce n'est nullement prouvé. Le nom *Kœnigsburg* était porté par plusieurs châteaux distincts sur la même crête : d'abord le double château actuel – la « fosse aux ours » d'aujourd'hui étant le fossé qui séparait les deux moitiés de telle sorte que deux familles pouvaient y coexister ; puis, à 250 mètres plus à l'ouest, la ruine connue sous

Page de droite
Chevalier aux armes des Rathsamhausen dans un tournoi et le **siège de 1462,** peintures murales de Leo Schnug, 1912 (salle du Kaiser).

kronlin-
stechen

Famille de Rathsamhausen, projet d'arbre généalogique pour la cheminée de l'antichambre de l'Impératrice, XXe siècle (logis nord, deuxième étage).

les noms *Œdenburg* ou *Petit-Kœnigsbourg*; et enfin, à 200 mètres au-delà, déjà sur la pente, de faibles vestiges d'un autre château (double ?). Ce dernier était certainement le plus récent (son site étant le moins favorable) et le château actuel le plus ancien. Quant à l'Œdenburg, ses vestiges sont datables du XIIIe siècle – première moitié (?) pour le donjon, troisième quart pour le logis. D'après une fouille récente, il semblerait avoir été abandonné au début du XVe siècle, mais on ne peut entièrement exclure une occupation plus ancienne sur le même site.

Le siège de 1462

L'histoire de Hohkœnigsburg, équation à plusieurs inconnues, ne se simplifie que dans la seconde moitié du XIVe siècle : en 1359, les héritiers des landgraves de Werd vendent à l'évêque de Strasbourg toute leur seigneurie, y compris Kœnigsburg, sans demander l'accord du duc de Lorraine, de qui ils le tenaient

Œdenburg, ruine située à l'ouest du Haut-Kœnigsbourg : le mur bouclier et la façade du logis sud.

en fief. Le duc proteste, mais en vain : ses droits n'existent plus que sur le papier. Pour autant, l'évêque ne semble pas avoir pris pied au château. Désormais, on n'y trouve plus que les Rathsamhausen et les Hohenstein. Ces derniers occupaient le château correspondant à l'actuel, comme le montrent les événements de 1462. On est donc tenté de chercher les Rathsamhausen plus à l'ouest. Or leurs lettres de fief mentionnent de 1398 à 1404 « le château de Kœnigsburg », mais à partir de 1417 « le château déserté [*œde Burg*] de Kœnigsburg ». C'est de là que vient le nom *Œdenburg*, simple expédient pour désigner un édifice qui n'a pas de nom propre dans les sources. Cet édifice pourrait bien être la ruine située à 250 mètres du château actuel. La destruction intentionnelle dont elle porte la trace daterait dans ce cas d'avant 1417, mais on n'en connaît ni la date exacte ni la raison.

Seuls maîtres de Hohkœnigsburg depuis 1417 au moins, les Hohenstein l'ouvrent à des personnages peu recommandables, dont les brigandages exaspèrent les puissances voisines. En 1462, l'Électeur palatin, l'Autriche, les évêques de Strasbourg et de Bâle, l'abbé de Murbach et la ville de Bâle se coalisent pour assiéger le château. Cette dernière envoie notamment six canons, dont une grosse pièce appelée *der Trach* (le dragon). Au bout de quatre jours de siège, les défenseurs profitent de la nuit pour s'enfuir. Le château est démoli. L'empereur Frédéric III de Habsbourg (1440-1493) confisque la ruine aux Hohenstein avant 1467 et, en 1479, la confère en fief aux comtes Oswald et Wilhelm de Tierstein, à charge pour eux de la reconstruire, ce qu'ils font sans tarder : un capitaine y réside déjà en 1481.

Bannière aux armes des Hohenstein, copie (1998) d'une bannière du début du XXe siècle (salle du Kaiser).

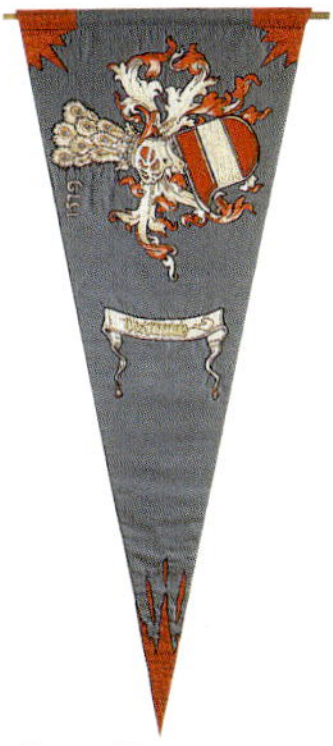

Bannière aux armes des Habsbourg, copie (1998) d'une bannière du début du XXe siècle (salle du Kaiser).

Chevalier aux armes des Tierstein, peinture murale de Leo Schnug, 1912 (salle du Kaiser).

Page de droite **Crucifixion,** peinture de F. Schilling, XXe siècle, inspirée d'une œuvre de M. Schongauer. Le chevalier à genoux porte les armes des Tierstein (chapelle).

Frédéric III, portrait anonyme, vers 1500 (Innsbruck, château d'Ambras).

1479 : les Tierstein et la reconstruction du château

Les Tierstein sont originaires de l'actuel Jura suisse, entre Bâle et Soleure ; mais dans cette région, depuis le milieu du XVe siècle, leur position est de plus en plus compromise, car Bâle et surtout Soleure ont une politique expansionniste soutenue par des moyens financiers sans commune mesure avec ceux de la noblesse. Pourtant, les Tierstein ne sont pas pauvres et savent tirer parti de leurs atouts. C'est particulièrement vrai d'Oswald (vers 1435-1488), un noble d'ancien style, arrogant, sans scrupules, violent, incontrôlable, mais d'une certaine envergure. Ses capacités et sa grande expérience de la guerre – il a notamment commandé les troupes autrichiennes contre Charles le Téméraire en 1476-1477 – lui ont permis de se mettre tour à tour au service de l'empereur Frédéric III, des ducs d'Autriche, de Lorraine et de Bourgogne, des rois de France Louis XI et Charles VIII, de l'archevêque de Cologne et du landgrave de Hesse, tout en entretenant de bons rapports avec la Confédération helvétique. Mais c'est surtout au service de l'archiduc Sigmund d'Autriche qu'il fait carrière : il est son bailli en Alsace et dans les pays voisins (de 1474 à 1476, puis de 1481 à 1487), et un conseiller influent à la cour d'Innsbruck. Son frère Wilhelm (vers 1440-1498), qui fut au service de l'archiduc Sigmund,

de l'empereur et du roi de Hongrie, n'a joué de rôle important qu'après la mort d'Oswald.
Les Tierstein sont de mystérieux financiers : on les voit tour à tour, presque simultanément, prêter et emprunter de grosses sommes. En fait, il semble qu'Oswald – sur ce point très moderne – ait su mobiliser son patrimoine pour en tirer le meilleur parti, n'hésitant jamais à engager ou à hypothéquer ses terres et châteaux du Jura (de toute façon menacés et probablement peu rentables) pour se procurer de l'argent, qu'il avançait ensuite aux ducs d'Autriche ou de Lorraine, obtenant en contrepartie des postes lucratifs et des gages d'un bon rapport.
Reste que la construction d'une forteresse aussi vaste et puissante que Hohkœnigsburg a dû engloutir des dizaines de milliers de florins, ce qui soulève deux questions. Comment les Tierstein se sont-ils procuré cette somme ? On sait qu'ils ont emprunté 3100 florins à Soleure et 8000 à Strasbourg, qui a obtenu en échange le droit d'utiliser le château en cas de besoin ; mais cet argent était très insuffisant pour payer les travaux. Était-ce un bon investissement ? Les Tierstein étaient certainement bien inspirés de chercher un point de chute hors de leur Jura natal avant d'en être évincés par Bâle et Soleure. Mais le choix de Hohkœnigsburg n'était pas idéal, dans la mesure où il n'était guère possible de constituer une seigneurie digne de ce nom autour du château. En 1479, seul le village d'Orschwiller en dépend. Les Tierstein n'ont pu y ajouter que la petite ville de Bergheim, qu'ils tiennent quelque temps en gage. C'est peu. Oswald a également acquis, pour services rendus au duc René II, des seigneuries en Lorraine : Chaligny et Bayon au sud de Nancy, et Sarreguemines ; son fils y joint la moitié de Fénétrange. Mais tout cela est dispersé et très loin de Hohkœnigsburg, qui ne pouvait par conséquent servir de centre, mais tout au plus d'étape entre les possessions jurassiennes et lorraines. Aussi rien n'indique qu'aucun Tierstein y ait longuement séjourné. Pour autant, le château n'est pas un pur symbole d'indépendance nobiliaire, comme d'autres rebâtis à la même époque ou un peu plus tard, tels ceux de Weckental, Schwarzenberg, Morimont… Cette excellente forteresse moderne, installée dans une position stratégique, fait des Tierstein un facteur avec lequel il faut compter. Mais son utilité réelle est mince. En effet, quand au soir de sa vie Oswald est banni par l'empereur,

Les Tierstein et la Suisse. Aujourd'hui, le château et la seigneurie de Tierstein sont en territoire suisse, mais, quand les Tierstein rebâtissent Hohkœnigsburg, la Confédération est en train de naître : Soleure y entrera en 1481 et Bâle en 1501. Jusqu'en 1474, puis autour de 1500, les cantons suisses sont en guerre, toujours victorieuse, contre les Habsbourg, dont les Tierstein sont vassaux et conseillers.

Plus intelligents que la plupart des nobles de Haute-Alsace, qui affectaient de mépriser les Suisses et leur vouaient une haine impuissante, les Tierstein surent s'allier à Soleure, puis à la Confédération, sans s'aliéner les Habsbourg. Ils gardèrent un semblant d'indépendance et ne furent ni suisses, ni autrichiens, ni lorrains.

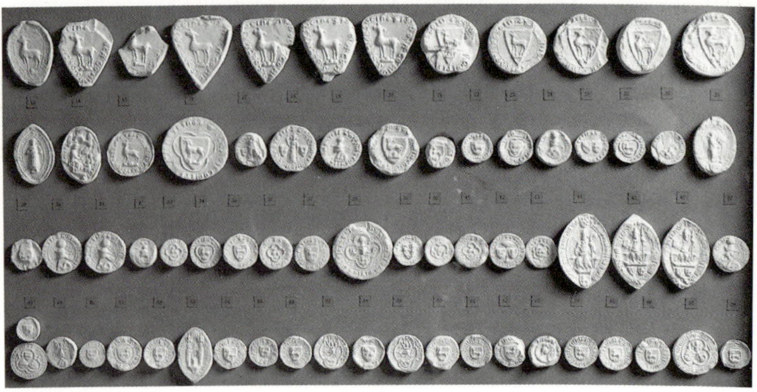

Sceaux des Tierstein, moulages, début du XXe siècle (cabinet de travail).

ce n'est pas Hohkœnigsburg mais le soutien de la Confédération helvétique qui lui permet de limiter les dégâts et de transmettre à ses fils un patrimoine point trop écorné.

La politique castrale des Habsbourg

Bannière aux armes de Frédéric III de Habsbourg, copie (1998) (salle du Kaiser).

Lorsqu'en 1479 l'empereur confère la ruine aux Tierstein – probablement à la surprise générale –, l'initiative vient-elle d'eux ou de lui ? On l'ignorera sans doute toujours, mais les deux parties y voient un intérêt. Les Tierstein veulent échapper au guêpier jurassien et l'empereur doit faire face à deux menaces : depuis l'invasion des Armagnacs (1444), l'expansion capétienne vers l'est peut lui paraître inquiétante à terme – elle le deviendra en effet au XVIe siècle ; d'autre part, pendant tout le XVe siècle, l'Alsace est un des champs d'affrontement entre les Habsbourg et les Wittelsbach, dont la branche palatine est bien implantée dans le nord de la province, alors que les Habsbourg en contrôlent le sud. Hohkœnigsburg, dominant à la fois deux routes d'Alsace en Lorraine (par les cols de Sainte-Marie et d'Urbeis ou de Steige) et la voie nord-sud du pied des Vosges, peut rendre service face à ces deux adversaires. Or les Habsbourg, manquant d'argent, s'efforcent de déléguer la construction de places fortes sur leur frontière alsacienne à des fidèles, comme les Reich von Reichenstein à Landskron, les Truchsess von Wolhusen à Ferrette, l'abbé de Murbach à Wildenstein et les Tierstein ici. À terme, cette solution ne satisfait personne : les vassaux s'épuisent à entretenir un château trop grand pour eux – et à le moderniser, car l'évolution de l'artillerie et de la fortification est devenue très rapide. Découragés, ils cherchent à le vendre, le cas échéant à une puissance étrangère. C'est un peu ce qui arrive ici : passe encore qu'Oswald de Tierstein ait ouvert Hohkœnigsburg à Strasbourg en échange d'un prêt, mais on dit aussi que peu avant sa mort, alors que l'empereur l'avait mis au ban,

Vitrail aux armes de l'empereur Maximilien, 1908 (chapelle).

il l'avait ouvert à Charles VIII. Son fils Heinrich l'ouvre en 1501 au duc de Lorraine. Bien plus, en 1512, sans enfant et harcelé par ses créanciers, il cherche à le vendre à Louis XII. Pour l'en empêcher, les Habsbourg sont obligés de le lui racheter en 1517, soit deux ans avant sa mort, après laquelle le château leur serait de toute façon revenu comme fief déshérant ! Aussi mettent-ils beaucoup de mauvaise volonté à s'acquitter du prix de vente. La veuve de Heinrich n'obtiendra, à grand-peine, qu'une partie de son dû.

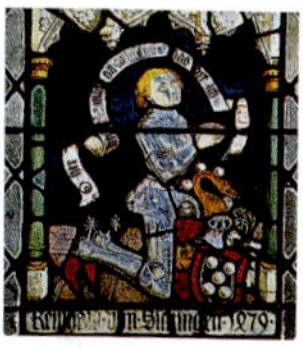

Chevalier de Sickingen, vitrail, copie par C. de Bouché d'après un vitrail représentant un chevalier portant des armes et un nom différents (chapelle).

1533-1633 : des Sickingen à la chute de la forteresse

Maîtres du château, les Habsbourg le confient à un capitaine commandant une vingtaine d'hommes. Mais, dès 1533, ils l'engagent aux Sickingen (nobles du Palatinat), toujours dans l'espoir illusoire d'éviter des frais. Car le climat montagneux rend l'entretien coûteux : il n'est question que de problèmes d'étan-

Sélestat et ses environs, gravure sur bois, 1558. Au fond à gauche, Hohkœnigsburg.

chéité, de dégâts causés par le vent et la neige. D'autre part, la puissance de l'artillerie augmentant sans arrêt, le château ne peut garder sa valeur militaire qu'au prix de modernisations continuelles, parmi lesquelles le dérasement du donjon (avant 1557) et la construction de la tour du puits (après 1557) et du bastion en étoile. Or les Sickingen, sachant que le gage peut leur être racheté à tout moment, ne s'empressent pas

Armoiries de Schweikhard de Sickingen († 1562) et de Marguerite de Landsberg (épousée en 1552), 1907 (entrée du Grand Bastion).

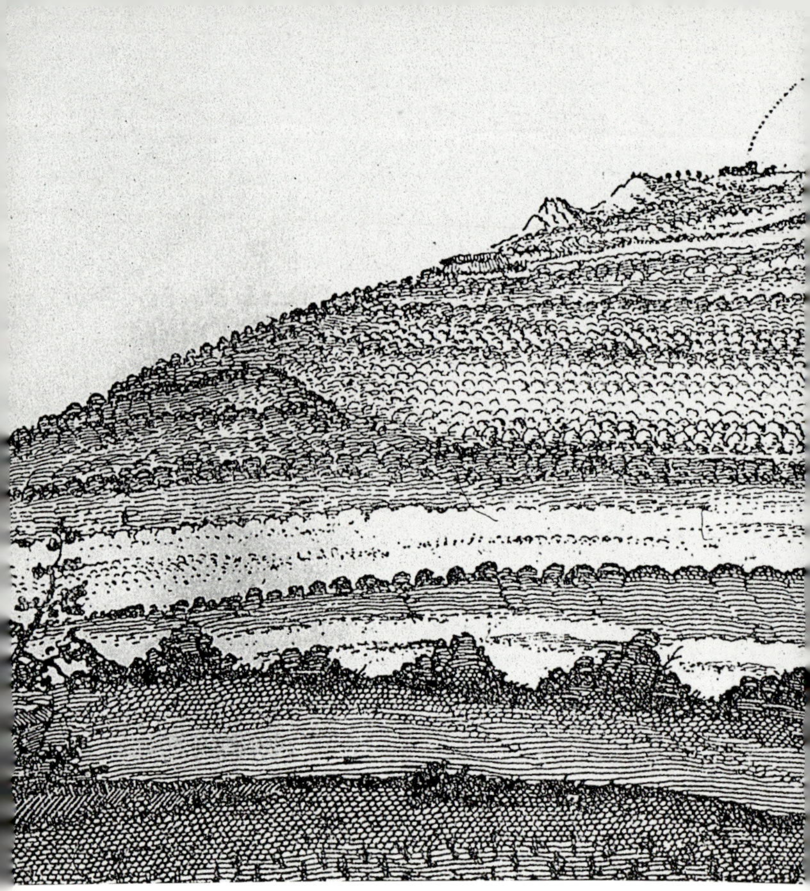

d'y investir, si bien que les Habsbourg sont obligés de subventionner les travaux. Malgré cela, le château se dégrade. En 1606, Rudolf de Bollwiller, nouvel engagiste, le trouve quasi vide et dans un état lamentable. Il procède aux réparations les plus urgentes mais, devant l'inertie de l'administration autrichienne, les choses en restent là.

Quand en 1632 les Suédois envahissent l'Alsace, ils trouvent la forteresse délabrée, mal équipée, défendue par une garnison démoralisée. Pourtant, ce n'est qu'en septembre 1633, après cinquante-deux jours de siège, qu'elle tombe. Un incendie fortuit la détruit définitivement un mois plus tard.

Armoiries des Bollwiller qui possédaient le château au début du XVIIe siècle (accès au logis, « tour du contrôle »).

Un château de premier plan ?

Bodo Ebhardt, qui de 1900 à 1908 restaurera Hohkœnigsburg, devenu propriété de Guillaume II de Hohenzollern, se plaira à magnifier le passé d'un château qui, écrit-il, aurait « attiré tour à tour les Hohenstaufen, les Habsbourg et les Hohenzollern ». Ces mots reflètent parfaitement le pathos de l'époque wilhelminienne et l'habileté de l'architecte à mettre en valeur « son » édifice. Car l'importance historique prêtée à la forteresse légitimait à la fois

Siège du château en 1633, gravure anonyme, XVIIe siècle. On voit en haut à gauche la position des assaillants qui pilonnaient le jardin supérieur depuis Œdenburg.

l'initiative de Guillaume II et le travail de son maître d'œuvre, et leur conférait un prestige supplémentaire. Il faut bien reconnaître qu'en réalité le rôle historique de Hohkœnigsburg est resté modeste. Au XIIe siècle, c'est certes le pilier de la puissance des Hohenstaufen en moyenne Alsace, mais vers 1200 ce n'est déjà plus qu'un des quelque 350 châteaux que possède cette dynastie. À partir du moment où il échappe aux Staufen, Hohkœnigsburg ne sera plus occupé que par de petits seigneurs, dont les horizons ne dépassent guère l'Alsace, presque embarrassés d'un château trop grand pour eux. C'est parce qu'ils n'ont pas les moyens de le moderniser que jusqu'en 1462 il est resté pratiquement dans l'état où l'avait laissé Frédéric II.

Sa reconstruction par les Tierstein lui assure pour un temps une importance au moins régionale. Mais pour les Habsbourg, accaparés notamment par le péril turc, la défense de l'Alsace est rarement prioritaire, d'autant plus que le danger palatin disparaît après 1504 et que la France ne menacera pas directement l'Alsace avant les années 1630. C'est pourquoi ils renoncent à moderniser réellement le château et même à en assurer l'entretien, de sorte qu'au moment décisif il n'est plus en état de jouer un rôle actif.

1633-1899 : de l'abandon au rêve de restauration

Les années 1632 et 1633 marquent douloureusement l'Alsace. La prise du château par les Suédois est l'une des étapes qui vont conduire au démantèlement des possessions habsbourgeoises dans cette région, qui devient française avec le traité de Westphalie de 1648. D'entité géographique aux multiples seigneuries, elle se transforme en une province unifiée, rejointe par Strasbourg en 1681 et Mulhouse en 1798. Dans ce contexte, les châteaux forts des Vosges représentent d'inutiles points de défense. Ceux qui n'ont pas été abandonnés pour leur inconfort ou à la suite de conflits avant la guerre de Trente Ans disparaîtront au plus tard à la fin du XVIIe siècle. Le Rhin sert de nouvelle frontière et plusieurs citadelles sont érigées à ce moment-là de Bâle à Lauterbourg, pour garantir les nouvelles frontières du royaume de France. Obsolètes, inconfortables, les châteaux forts de montagne deviennent la proie de la végétation; les intempéries font le reste. Peu à peu, ces symboles du pouvoir féodal disparaissent, happés par les sombres forêts vosgiennes. Le bois seul intéresse les nouveaux propriétaires de ces domaines.

Les Fugger gardent un temps la ruine mais, comme ils ne résident pas en France, le roi la leur retire en 1672 pour la rendre aux Sickingen. Ceux-ci vendent le domaine en 1770 au seigneur de Boug, président

Le château en ruine au XIXe siècle. À gauche, vue du logis sud et de l'enceinte du jardin supérieur depuis le Grand Bastion. À droite, l'entrée du château devant le logis sud. Cartes postales, fin du XIXe siècle.

du Conseil souverain d'Alsace. Du côté nord, les arbres poussent sans difficulté, mais guère au sud où, selon un texte du XVIIIe siècle, s'étendent des chaumes – preuve que ces châteaux n'étaient pas entourés de forêts comme maintenant. Ces chaumes peu rentables cédaient difficilement la place aux arbres... On réussira finalement à y introduire le châtaignier, arbre fort utile dans une région viticole et d'ailleurs encore présent aujourd'hui.

Inaccessibles, envahies par les ronces et les pins, les ruines font peur. Seuls quelques aventuriers, telle Mlle de Mortemart en 1769, s'y rendent en expédition. Mais, au cours du XIXe siècle, l'aura dont bénéficie le Moyen Âge et le prestige de la mystérieuse

Ruines du logis ouest avec les grandes salles, lithographie en couleurs de Stumpf.

Le logis vu depuis le Grand Bastion, lithographie de Stumpf.

forêt vosgienne attisent la curiosité des historiens, dont Louis Spach qui écrit en 1857 : « Figurez-vous un seul instant [...] le Haut-Kœnigsbourg relevé de ses ruines, et transformé non en château fort contre l'ennemi, mais en pacifique musée du Moyen Âge. » Les travaux de consolidation menés à partir de 1856 dans la cour intérieure et sur la tour du puits par

Galerie sud de la cour intérieure, avec, au fond à gauche, la clé de voûte de l'escalier hexagonal. Carte postale, 1860.

Projet de restauration du Haut-Kœnigsbourg par l'architecte Winkler, publié en 1882, puis en 1889 par l'auteur lui-même.

la Société pour la conservation des monuments historiques, avec l'appui du préfet du Bas-Rhin Migneret, ne ralentissent pas le processus de dégradation. Quant aux rapports et devis établis dès 1882 par l'architecte Winkler, ils ne sont guère suivis d'effet, bien que la ruine ait été classée en 1862, puis rachetée par la ville de Sélestat en 1865.

Le château fort restauré

Le don fait à l'empereur

Page de droite
Guillaume II devant le château en ruine, en 1899.
Carte postale, début du XXe siècle.

Ce vœu de restitution du passé devient enfin réalité au printemps 1899 (l'Alsace est allemande depuis 1871), lorsqu'un fonctionnaire zélé, le Kreisdirektor de Sélestat Albert Dieckmann, réussit à convaincre Schlœsser, maire de Sélestat, d'offrir la ruine du Haut-Kœnigsbourg à Sa Majesté impériale Guillaume II de Hohenzollern. Cette initiative devait racheter le refus de la délégation parlementaire (*Landesausschuss*) d'Alsace-Lorraine de participer financièrement à la construction d'un pavillon de chasse pour l'empereur à Struth-Oberhaslach, en 1896. Le souverain se réjouit immédiatement de ce cadeau, considérant le Haut-Kœnigsbourg comme la borne qui marque la frontière ouest de son empire alors que la Marienburg (aujourd'hui Malbork, en Pologne) en constitue la frontière est.
Que faire d'une ruine ? Le Kaiser, qui dispose déjà d'une résidence à Strasbourg, opte pour un musée du château fort en Alsace, plus précisément un écomusée. Pour lui, le château est aussi l'expression de ses prétentions impériales.

Visite de l'empereur Guillaume II sur le chantier du Haut-Kœnigsbourg en 1902. Carte postale, début du XXe siècle.

Le choix de l'architecte

Guillaume II pressent un jeune architecte, Bodo Ebhardt, dont il a fait la connaissance en juin 1898, lors de l'inauguration d'un monument à la gloire du sport réalisé par Ebhardt sur les bords de la Spree à Berlin. Parallèlement, le Statthalter (représentant de l'Empire) d'Alsace-Lorraine propose de faire travailler Wiegand, directeur des archives départementales à Strasbourg, et Otto Piper, spécialiste

des châteaux forts, connu grâce à sa *Burgenkunde* (traité sur les forteresses) dont la première édition datait de 1895. Mais Otto Piper prône la simple conservation de la ruine et non pas la restitution du monument médiéval. Ayant présenté rapidement une maquette du château restauré et un devis des travaux, Bodo Ebhardt est nommé pour mener cette restauration qui va durer de 1900 jusqu'à la Première Guerre mondiale.

Le chantier

Les opérations débutent le 12 avril 1900 par une campagne photographique systématique. Avant de lancer les travaux, Bodo Ebhardt exige que la base des murs soit dégagée. Lors de ces déblaiements, il demande aux ouvriers de ramasser méticuleusement tous les débris archéologiques, os, fer, verre, céramique et lapidaire, en indiquant *grosso modo* les endroits où les trouvailles ont été faites. Les ouvriers sont encouragés par de petites primes selon l'intérêt de l'objet trouvé. Ce matériel est nettoyé, traité contre la corrosion lorsqu'il s'agit de fer, classé, étiqueté sur place et conservé dans deux dépôts de fouilles installés dans les lices sud.
Le chantier est mené méthodiquement : il commence en 1902 par le remontage du donjon, situé au centre du château, et de l'enceinte sud, qui permet de mettre en sécurité les installations du chantier. Parallèlement s'amorce la réfection du logis qui entoure le donjon.

Dépôt de fouilles. On peut remarquer les plaques qui servirent à reconstituer le poêle du deuxième étage du logis nord.

Puis intervient la restitution de la cour basse, celle du Grand Bastion, ou plate-forme d'artillerie, et enfin celle du bastion en étoile. Pour chaque année de chantier, Bodo Ebhardt choisit une marque spécifique à graver sur les blocs de pierre, permettant de repérer et de dater facilement les parties restaurées.
Le 12 mai 1901 est posée solennellement la première pierre de la restauration. En 1906, une cérémonie est organisée lorsque l'aigle emblématique est fixée au sommet du donjon. L'inauguration est célébrée le 13 mai 1908.

Bodo Ebhardt devant la maquette du château restauré, décembre 1903.

Vue du chantier dans les lices nord.

Les moyens techniques

Pour commencer, une carrière de grès est ouverte en contrebas de l'Œdenburg, ruine située à quelques centaines de mètres du Haut-Kœnigsbourg sur la même crête. Puis en 1901, afin d'économiser le portage d'eau, une station de pompage est construite à mi-pente à proximité de la maison forestière. Le château est désormais alimenté en eau. En décembre 1901 arrive la première grue destinée au remontage du donjon.

Échafaudages dans le jardin supérieur avec les grues sur le donjon en cours de remontage et une grue circulant sur des rails installés entre le logis et le Grand Bastion.

Dépôt de fouilles et lapidaire dans les lices sud.

L'automne suivant, une deuxième grue circulant sur des rails posés au-dessus du jardin supérieur permet d'accélérer la restauration du logis et des parties ouest du château. Pour faire fonctionner ces grues mais aussi afin d'éclairer le chantier et de disposer d'une sonnerie entre elles et l'atelier des machines, un groupe électrogène est installé.

Acquise d'occasion dès 1901, une petite locomotive roulant sur une voie de 60 centimètres de large alimente le chantier d'est en ouest et transporte les blocs depuis la carrière. Des plaques tournantes placées dans la cour basse lui permettent de parvenir jusque dans les lices nord et le fossé ouest.

Une fosse à chaux, une broyeuse de pierres et des cabanes de chantier complètent les équipements sur le site. À l'issue des travaux, tout ce matériel ainsi que les installations seront démontés et vendus au plus offrant.

Grue électrique dominant le donjon.

Double page suivante
Ouvriers dans la carrière ouverte au début du XXe siècle du côté nord, en contrebas des ruines de l'Œdenburg.

Station de pompage. Au fronton, le *W* impérial de Guillaume II et la date de la construction.

Charles Dickely et son fils Armand devant la grille exécutée en 1918 pour la salle du Kaiser. Maître serrurier au château, Dickely était chargé de l'entretien des machines.

Les moyens humains

Le chantier est supervisé par un architecte nommé sur place par le gouvernement, qui dirige plusieurs équipes encadrées par des contremaîtres. Selon les saisons, le nombre des ouvriers varie : réduit à une quarantaine au cœur de l'hiver, il peut dépasser les deux cent vingt personnes en été. Tous les corps de métiers sont représentés : carriers, tailleurs de pierre, maçons, machinistes, serruriers, charpentiers, forgerons, mais aussi un aubergiste qui s'occupe des repas et le personnel qui entretient les deux dortoirs construits sur le site, du côté de l'Œdenburg et sur le versant sud. Le machiniste Dickely est payé mensuellement ainsi que le personnel féminin affecté

Ouvriers portant la clé de voûte de l'escalier hexagonal.

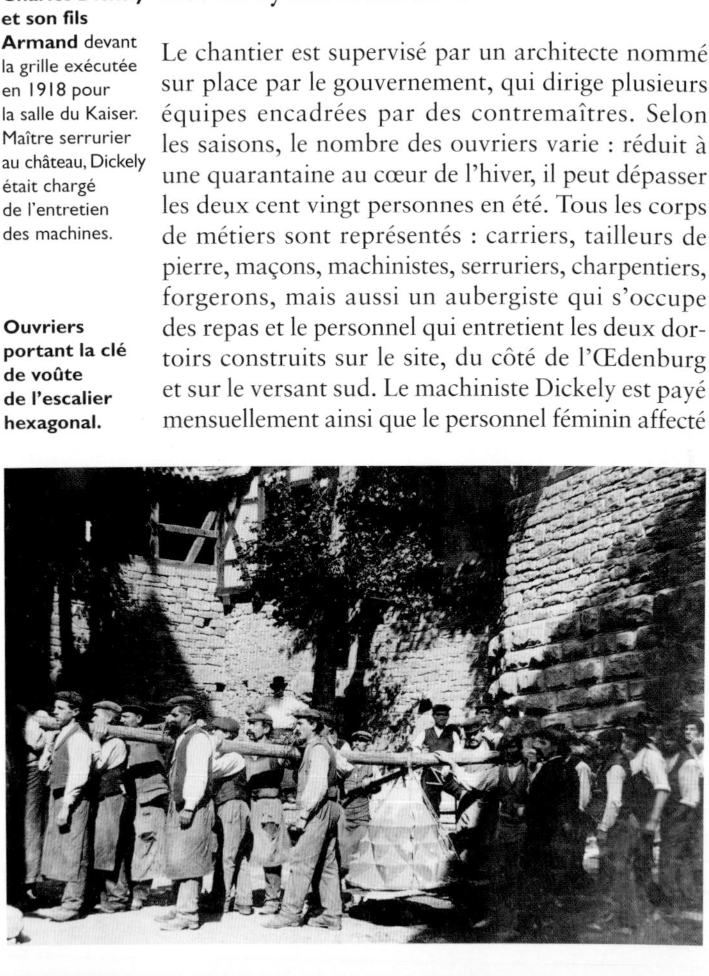

à l'hébergement et à la cantine. La plupart des autres ouvriers sont payés à l'heure, tous les quinze jours. Ils bénéficient de caisses de retraite et d'assurance maladie et invalidité. Un rapport trimestriel rédigé par l'architecte permet de suivre l'avancement du chantier et les difficultés rencontrées; il signale les visiteurs illustres, évoque les conditions météorologiques ainsi que la fréquentation. Le château reste en effet ouvert à la visite pendant toute la durée des travaux. Devant l'affluence et pour supprimer le pourboire, est institué à partir de 1904 un droit d'entrée destiné à compenser le temps que les ouvriers consacrent à la visite guidée. La caisse ainsi constituée permet de verser des indemnités aux ouvriers accidentés ou à leurs veuves.

Bodo Ebhardt au sommet du donjon, avant sa restauration, en 1900.

Marque de l'année de chantier 1905.

Le financement

Guillaume II consacre 100 000 Reichsmarks de sa cassette personnelle à la campagne photographique des débuts et finance l'achat de quelques canons et la consolidation de l'Œdenburg. Mais, quoique propriété privée impériale, le Haut-Kœnigsbourg sera restauré grâce à des fonds publics. L'essentiel du financement est réparti pour moitié entre le Reich (l'Empire) et le *Reichsland* (terre d'Empire) Alsace-Lorraine. Il sera voté en deux fois : un premier montant de 1 400 000 marks est épuisé en 1906. La délégation parlementaire, après discussion, accepte de participer à la deuxième tranche, d'un montant global de 850 000 marks. Le coût de la restauration s'élève ainsi à 2 250 000 marks. La première tranche financée par le *Reichsland* est prélevée sur les intérêts du fonds de Bitche et la seconde sur le fonds de sécurité de la Caisse de dépôt de l'État.

Une étude démontrant dès 1900 l'intérêt touristique de ce projet et les retombées économiques qui en découleraient pour l'Alsace explique que le *Reichsland* ait été sollicité pour financer la moitié de ces travaux.

Mais la participation de la province conquise à la restauration du château aura également des conséquences sur le statut de celle-ci. En effet, le paragraphe

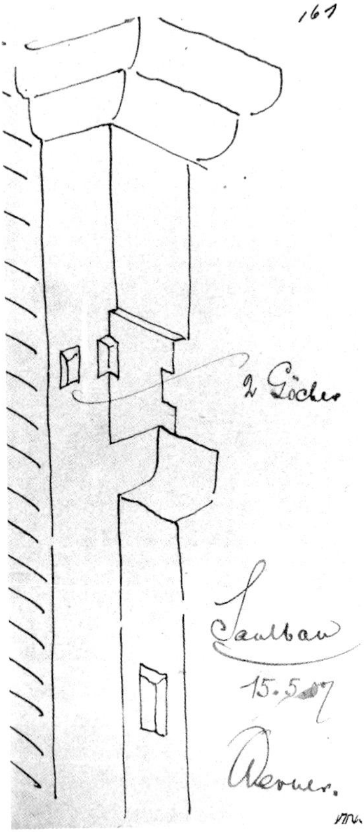

Relevé d'une pile du logis ouest avant restauration, croquis du 15 mai 1907.

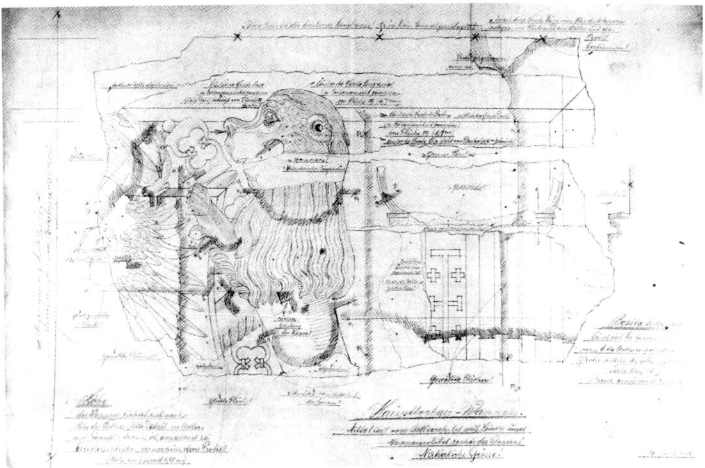

dit « de la dictature », hérité du Code Napoléon et repris par l'Empire allemand, autorisait le représentant de l'État, le Statthalter, à prendre des mesures d'exception. Cette disposition sera solennellement abolie par l'empereur au Haut-Kœnigsbourg, lors de sa visite de 1902 en Alsace.

Fragments des armoiries attribuées à Charles Quint, retrouvés sur le chantier.

Les principes de la restauration

Dans son mémoire sur la restauration du Haut-Kœnigsbourg publié en 1900 à Berlin, Bodo Ebhardt énonce quatre principes qui, selon lui, permettront de retrouver la silhouette du château médiéval. C'est tout d'abord une « lecture » attentive des murs et éléments d'architecture encore en place, ainsi qu'une collecte systématique des débris archéologiques trouvés dans le sol avec repérage des lieux de ces découvertes. Il faut également effectuer une enquête approfondie dans les archives de toute l'Europe à la recherche d'inventaires et de traces de travaux. Enfin, lorsque les éléments concernant directement le château ne suffisent pas, Bodo Ebhardt propose de chercher des éléments comparables dans des châteaux de même époque et de même importance, quatrième principe qui s'applique essentiellement aux décors.

Page de gauche, en bas
Relevé des armoiries attribuées à Charles Quint effectué d'après les fragments retrouvés sur le site. Il servit à la restitution sculptée à l'entrée du château, près de la herse.

La méthode

Fragments de grès, avec l'emblème des Tierstein, ayant servi à réaliser le linteau de l'escalier hexagonal, trouvés dans le puits au début du XXe siècle.

Les collections archéologiques (carreaux de céramique, fragments de verre, tuiles…) vont servir de modèles pour réaliser des poêles et certaines fenêtres. Pour les premiers, le motif du carreau est fidèle à l'original, mais la silhouette a été imaginée. Pour les secondes, le motif du losange préexistait, mais on ne sait pas où il était employé initialement. En ce qui concerne les tuiles, canal ou plates, les deux formes ont été

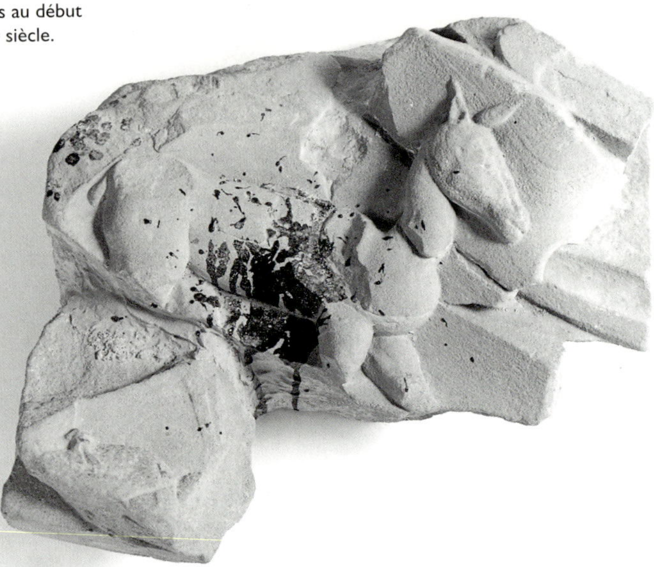

trouvées sur place, mais l'on ne connaît ni les endroits auxquels elles étaient destinées ni la pente des toits, pas plus que l'on ne sait si les chemins de ronde étaient couverts.

Certains éléments du lapidaire ont servi à exécuter des modèles en plâtre grandeur nature à Berlin, chez Kretzschmar. Apportés au Haut-Kœnigsbourg, ils étaient d'abord mis en place, puis réalisés en pierre lorsque l'emplacement et la forme générale convenaient. D'autres ouvrages en plâtre ont été inventés de toutes pièces (comme les armoiries des Bollwiller avec le portrait de Bodo Ebhardt), puis essayés au château, avant d'être copiés en grès.

Armes des Tierstein et date apocryphe sur le linteau ornant la porte d'entrée du logis, dite « tour du contrôle ». La date choisie (1479) montre que, pour la restauration du château, l'époque de référence a été celle des Tierstein.

Modèle en plâtre du linteau de l'escalier hexagonal, avec les armes des Tierstein.

Ebhardt a eu le souci de garder des éléments de murs encore en place dans la mesure où ils étaient stables. Il lui est arrivé en revanche de faire démonter certains d'entre eux en prenant soin de numéroter encadrements de portes et de fenêtres, qui étaient ensuite remontés *in situ*.

Quel château restaurer ?

Bien que l'histoire du Haut-Kœnigsbourg remonte au XIIe siècle, la reconstruction de la fin du XVe siècle a profondément modifié le château roman ; de cette période date l'essentiel des éléments toujours en place en 1900. Aussi Bodo Ebhardt propose-t-il de prendre comme époque de référence celle des Tierstein, c'est-à-dire la période d'après 1479 – d'où la présence de cette date en maints endroits du château, apposée de manière apocryphe mais conformément à la graphie d'alors. Ebhardt maintient également les ajouts plus récents : la tour du puits ou encore le Grand Bastion.

Affiche caricaturale avec Ebhardt de H. Zislin, 1906 (coll. Haut-Kœnigsbourg).

Les acteurs de la restauration

Guillaume II, médaille commémorative de l'inauguration du Haut-Kœnigsbourg.

Guillaume II (1859-1941), empereur allemand et roi de Prusse, est passionné par les arts classiques et l'archéologie. Soucieux d'égaler son grand-père Guillaume Ier, il rêve de Moyen Âge et de vertus chevaleresques, et considère la toute jeune dynastie impériale des Hohenzollern comme l'héritière légitime des empereurs du Saint Empire romain germanique. Le Haut-Kœnigsbourg va lui permettre d'exprimer son ambition dans ce domaine : il suit le chantier de très près et établit des liens étroits avec l'architecte Bodo Ebhardt, qu'il rencontre fréquemment à Grunewald (Berlin). L'empereur se rend en visite tous les ans au château, lors de son voyage en Alsace-Lorraine, généralement en avril-mai. Il se charge lui-même de faire visiter les lieux à ses hôtes.

Bodo Ebhardt (Brême 1865-Marksburg 1945), architecte féru de châteaux forts, publie en 1898, en deux tomes, *Deutsche Burgen* (*Châteaux forts allemands*) et fonde un an après l'Association pour la conservation des châteaux forts allemands. Il édite dans ce cadre une revue, *Der Burgwart*, qui prône la restauration et la conservation des forteresses du Moyen Âge. Auteur de nombreux ouvrages et articles sur ces dernières, il laisse une somme de six tomes sur les châteaux en Italie. Il voyage dans toute l'Europe, notamment à l'occasion de la restauration du Haut-Kœnigsbourg. Parallèlement ou à la suite de cette dernière, il sera chargé de restaurer différents châteaux (Landonvillers Neuenstein, Coburg, Marksburg, Gröditzberg), de créer un bâtiment adapté à la Wartburg et d'ériger les châteaux de Hakeburg, Wommen… On lui doit égale-

Bodo Ebhardt se déplaçant « à fond de train » (*der rasende Bodo*), relief d'une cheminée du premier étage (logis sud).

Parchemin dédicacé à l'empereur évoquant les dons faits au Haut-Kœnigsbourg, par la Société archéologique de Lorraine (cabinet de travail).

ment des maisons particulières, des grands magasins et divers autres monuments. Après 1918, Bodo Ebhardt est resté fidèle à l'empereur auquel il rendait visite dans son exil à Doorn (Hollande).

Le Hohkönigsburgverein, Société du Haut-Kœnigsbourg, créé en 1904 pour réunir des fonds destinés à décorer et à meubler le château à l'aide de témoins liés à son histoire ou à celle de l'Alsace-Lorraine est le troisième des acteurs de cette restauration. Comptant parmi les membres les plus actifs, la Société d'histoire et d'archéologie de Lorraine offrira nombre de meubles et tout ce que l'on voit dans la chambre Lorraine. Les professeurs Ficker et Dehio de l'université de Strasbourg, ainsi que l'archéologue Forrer, font partie de cette association. C'est à celui-ci que reviennent la conception du cortège historique de l'inauguration de 1908 dessiné par Leo Schnug et la restitution de la prothèse du bras du chevalier de Mittelhausen, retrouvée dans sa propre tombe, à Balbronn. La Société du Haut-Kœnigsbourg a également pris en charge le décor de la salle du Kaiser (salle des fêtes).

Des entreprises alsaciennes de proximité fournissent plomberie, bois et nourriture. Les hommes du chantier réalisent le gros œuvre, certaines portes, certains éléments de charpente ou de boiserie et quelques ferronneries, comme la grille de la salle du Kaiser.

En revanche, pour tout ce qui relève de l'artisanat d'art, ce sont des entreprises situées en vieille Allemagne qui sont sollicitées : Heinrich Kunitz de Berlin pour certains éléments en cuivre ; Birkle et Thomer de Berlin-Charlottenburg pour les peintures murales ; Hausleiter de Nuremberg pour les copies de carreaux de poêle ; Albert Kretzschmar de Berlin pour les modèles en plâtre ; Golde et Ræbel de Berlin-Weissensee et Seibold de Nuremberg pour certaines ferronneries…

Grille « modèle » de celle de l'escalier hexagonal de la cour intérieure (Strasbourg, musée de l'Œuvre Notre-Dame).

À gauche
Salle des plâtres (tour du Grand Bastion).

Fragment original ayant servi de modèle, trouvé en 1900 lors des fouilles du château.

Carreaux de poêle sur le thème des chevaliers, copies par Hausleiter pour le poêle du premier étage, logis sud.

Inauguration, le 13 mai 1908.

De la propriété impériale au domaine national

De 1900 à 1908, les murs du Haut-Kœnigsbourg sont remontés et complétés. En présence de Guillaume II, le 13 mai 1908, un cortège historique évoquant l'entrée des Sickingen en 1533 inaugure le château sous une pluie battante. Jusqu'à la Première Guerre mondiale, la restauration se poursuit par des décors peints et l'achat de collections.

Figurants en costume du XVIe siècle dans le jardin supérieur et sur un canon du Grand Bastion, le 13 mai 1908.

Par le traité de Versailles de 1919, le château entre dans le domaine national français. Le Haut-Kœnigsbourg devient un haut lieu touristique en France, mais il reste encore de bon ton de se gausser d'une restauration jugée fantaisiste parce qu'elle est l'œuvre de l'ennemi. La réhabilitation de l'œuvre de Viollet le Duc et l'apaisement des relations franco-allemandes permettront de reconsidérer cet ouvrage, qui sera enfin classé monument historique dans son intégralité en 1993.

Page de droite
Sortie des figurants du cortège historique par le portail d'honneur.

Visite

Enceinte sud. Au-delà, on devine une tour du Petit Bastion, le mur extérieur du bâtiment abritant l'auberge et, dans le prolongement, la tour sud du Grand Bastion. Le donjon domine l'ensemble.

Mur d'enceinte longeant le parc aux bêtes, du côté sud.

Les enceintes

Le château du Haut-Kœnigsbourg occupe la largeur d'un éperon en grès. L'enceinte extérieure construite à la fin du XVe siècle est érigée au niveau de la rupture de pente. Peu épaisse, elle empêchait le positionnement des canons à l'est, au sud et au nord. Pourvue de tours ouvertes à la gorge, elle entoure l'ensemble du château, y compris le parc aux bêtes, situé à l'est. Son contour irrégulier s'adapte à la configuration du sol. Cette enceinte a été remontée sur une certaine hauteur et pourvue par Bodo Ebhardt de chemins de ronde couverts.

Armoiries des Hohenzollern surmontant celles que l'on attribue à Charles Quint.

Logis sud avec oriel et latrines (à gauche) et tour abritant l'entrée défendue par une herse (à droite).

L'entrée d'honneur

Sur l'éperon lui-même est construit le **logis sud,** dont la forme suit exactement le contour du rocher. L'absence d'ouverture au niveau inférieur s'explique pour des raisons de défense. À mi-hauteur, trois arcs romans murés témoignent sans doute de l'ancienne salle des fêtes du château d'origine. Les fenêtres rectangulaires, **l'oriel et les latrines** datent de l'époque des Tierstein, c'est-à-dire de la fin du XVe siècle. L'oriel♦ éclaire les séjours du logis seigneurial, tandis que les latrines correspondent apparemment aux anciennes chambres à coucher du logis sud. Au-dessus de la **tour de la herse,** le bas-relief sculpté aux armes des Hohenzollern rappelle que ce château a été restauré par Guillaume II,

♦***Oriel :*** *logette munie de fenêtres sur plusieurs côtés, construite en surplomb et permettant un meilleur éclairage intérieur.*

Page de gauche
Grille de l'escalier menant vers le Grand Bastion.

Tour d'entrée avec herse, avant restauration (Charenton-le-Pont, MAP, AP) et après.

roi de Prusse et empereur allemand. La présence d'armoiries attribuées à Charles Quint (les fragments originaux ont été trouvés au château au début du XXe siècle) n'est pas le fruit du hasard : à un empereur du Saint Empire romain germanique ayant régné sur l'ensemble de l'Europe succède un empereur du IIe Reich, fort de la même ambition. Les Alsaciens ont eu tendance à voir dans le château du Haut-Kœnigsbourg un symbole de l'Alsace allemande mais, pour Guillaume II, il était aussi l'expression de ses prétentions impériales. Si le décor et le couronnement de la tour de la herse sont dus à Bodo Ebhardt, l'emplacement, les dimensions au sol, les parties basses et la rainure de la grille sont authentiques.

Cour basse avec auberge, fontaine et « tour du contrôle ».

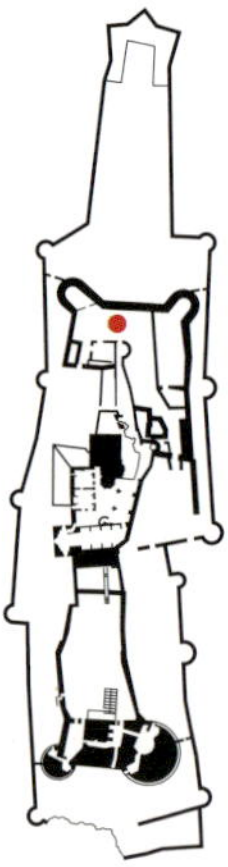

La cour basse

La cour basse est protégée à l'est par une enceinte prolongée à ses deux extrémités par des tours ouvertes ; l'une abrite le **moulin à vent,** créé de toutes pièces lors de la restauration alors que les archives mentionnent un moulin à bras à proximité du donjon ! Cette cour renfermait les communs. En s'appuyant sur les inventaires du XVIe siècle, Bodo Ebhardt a reconstitué l'auberge (*Wirtshaus*) au-dessus des écuries. À proximité de la tour d'entrée a été reconstruite la forge : les gravures du XIXe siècle montrent son emplacement supposé. Enfin, contre le mur nord, un petit bâtiment à colombages a été réédifié sur la base d'éléments trouvés au sol et des trous de boulin♦ présents à mi-hauteur du mur. Au centre de la cour, Ebhardt a mis en place la copie d'une fontaine de la fin du XVe siècle encore conservée à Eguisheim. Au-dessus de l'unique **accès menant au logis,** la date de 1479 lisible sur le linteau rappelle la période de référence retenue par l'architecte pour la restitution ; quant à la biche, elle évoque les armes des Tierstein, découvertes lors des travaux de déblaiement.

♦***Trou de boulin :*** *trou laissé dans la maçonnerie après la dépose des boulins (pièces en bois pour échafaudage).*

L'accès au logis

Passé cette porte, une volée de marches irrégulières entrecoupées d'encadrements de porte en partie anciens, en partie de 1904, monte vers le sommet de l'éperon rocheux. En hauteur, Bodo Ebhardt a reconstruit un petit bâtiment accolé à l'est du donjon à partir d'une série de blocs de pierre encore visibles au début du siècle sur la plate-forme jouxtant le donjon. À partir d'une porte murée sur le côté est du logis sud et de consoles parfaitement visibles en 1900, l'architecte a conçu un couloir et des trappes permettant une ultime défense au-dessus du pont-levis. Le fossé du pont-levis a été mis au jour en 1900 et l'ouverture située au fond, du côté du corps de garde, déblayée à cette époque. Sur la base de cet indice, Ebhardt a élevé un petit bâtiment permettant de rejoindre la herse, depuis ce fossé, par un passage secret.

Une fois franchi ce pont-levis reconstitué, une dernière porte donne sur la tour du puits. Si la margelle est moderne, la tour, ses parties hautes et l'emplacement du seau au sol sont anciens. De nombreux textes du XVIe siècle évoquent les difficultés d'approvisionnement en eau. Ce **puits** d'une profondeur de 62 mètres ne fournissait pas une eau abondante et son emplacement était vulnérable, aussi avait-il été décidé de chercher un meilleur endroit au cœur du château, du côté du jardin supérieur. Les essais de creusement furent ensuite abandonnés et le puits protégé par la tour actuellement visible. En le vidant au début du XXe siècle, on y trouva des fragments d'armoiries ainsi que l'anse, la chaîne et le cerclage d'un seau.

Linteau roman avec deux lions couchés encadrant des armoiries de la fin du Moyen Âge, illisibles aujourd'hui. Il a été placé sur un portail en plein cintre (postérieur) que fermait une porte rectangulaire.

La cour intérieure

Dans la cour intérieure, une seconde margelle carrée, surmontée d'un petit toit couronné d'une sirène, abrite une citerne permettant de stocker de l'eau amenée par portage ou par des tuyaux descendant des toitures. Sur l'un des piliers se voit le portrait de l'architecte Bodo Ebhardt muni de l'équerre et du compas. Si la reconstitution de la citerne est partiellement erronée, elle témoigne cependant de l'état des connaissances dans ce domaine au début du XXe siècle.

Après la galerie couverte, le cellier, au sol irrégulier et aux rares fenêtres, donne une idée de la largeur de l'éperon rocheux. En effet, des côtés sud et ouest, la pièce est taillée directement dans le grès, tandis qu'à l'autre extrémité de la salle une partie maçonnée témoigne d'un agrandissement de la fin du XVe siècle, qui a rendu possible la création d'une citerne le long de l'éperon

Margelle de la citerne et **portrait de Bodo Ebhardt.**

Cuisine, avant restauration, on aperçoit à l'étage supérieur la salle dite « des Maréchaux » (Charenton-le-Pont, MAP, AP) et après.

♦***Lice :*** *dans l'architecture médiévale, espace compris entre deux enceintes ou entre une enceinte et un fossé.*

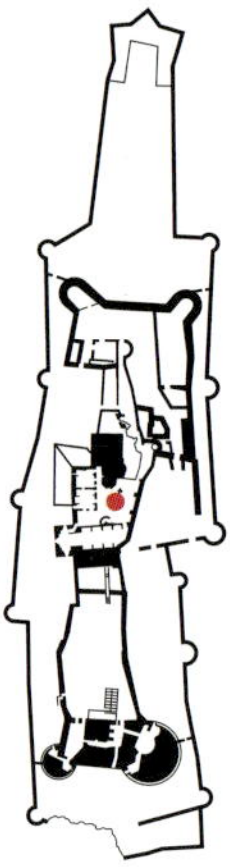

rocheux tout en permettant d'observer par les fenêtres d'éventuels mouvements du côté des lices♦ nord. Au rez-de-chaussée du logis nord, les cuisines, pourvues d'un évier avec écoulement direct dans les lices nord et de deux grandes cheminées, sont voûtées. L'estrade en pierre abrite un escalier menant à une fissure de l'éperon rocheux. Les cuisines donnent sur un office dans lequel est présenté un foudre de 1670, offert par un membre du conseil municipal de Lahr (Allemagne). Il s'agit du tonneau le plus ancien conservé en Alsace. Quoique ce foudre fût postérieur à la guerre de Trente Ans, Bodo Ebhardt l'avait accepté, en précisant qu'il l'échangerait contre une pièce plus ancienne si l'occasion se présentait !

Escalier hexagonal, avant restauration (Charenton-le-Pont, MAP, AP) et après.

Linteau aux armes des Tierstein.

Clé de voûte.

L'escalier hexagonal

Il a été construit sur une base hexagonale d'après les relevés effectués par Bodo Ebhardt. Le profil des pierres taillées reprend celui de pierres tombées dans la cour. Quant à la clé de voûte, elle est la copie conforme de celle qui a été trouvée dans la cour avant les travaux. Les grilles en fer du bas reproduisent des grilles de la cathédrale de Magdebourg, tandis que celles du haut ont été réalisées d'après une armoire eucharistique exposée au musée de l'Œuvre Notre-Dame à Strasbourg. Enfin, les armoiries des Tierstein s'inspirent du matériel archéologique. Dans les moulures de l'entrée, une polychromie datant de 1907 témoigne de la méthode de restauration de Bodo Ebhardt. En effet, dans un texte de 1559, il est dit que le « grand colimaçon neuf et polychromé devant la cuisine a remplacé un escalier en mauvais état ». L'escalier est ainsi une excellente illustration des principes de Bodo Ebhardt : interprétation de l'architecture encore en place ; utilisation des témoins archéologiques – du lapidaire en l'occurrence – pour les profils et pour la clé de voûte ; étude des indications données par les textes ; recours, pour les grilles en fer dont il ne restait aucune trace, à des modèles extérieurs considérés comme contemporains de l'escalier.

Le donjon

Jouxtant cet escalier, le donjon n'était accessible en fait qu'à partir du premier étage, comme on le remarque sur les photos antérieures à la restauration. On peut

Le donjon et le logis sud, vus depuis le Grand Bastion, après restauration et, à gauche, avant (Charenton-le-Pont, MAP, AP).

imaginer qu'avant l'escalier hexagonal un escalier en bois ou une échelle permettait de se retirer dans cette tour carrée, du moins avant le développement de l'artillerie. Un texte nous apprend qu'avant 1557 le donjon avait été raccourci, sur la hauteur de deux piques de lansquenet. On l'appelle dans les textes *Lug ins Land* (belvédère), ce qui montre qu'il servait de tour de guet. Sur la base carrée parfaitement visible en 1900, deux niveaux étaient encore conservés. Bodo Ebhardt y éleva quatre niveaux supplémentaires. Le premier était destiné à l'archivage de documents sur le château, le second avait été baptisé « chambre dorée » : son décor (resté à l'état d'ébauche) devait s'inspirer de celui de la Camera d'oro du château de Torrechiara près de Parme. Un niveau fut destiné aux réservoirs d'eau alimentant le château, puis venait la plate-forme d'où l'on sortait le drapeau allemand. Au-dessus du toit en cuivre, l'on fixa un immense **aigle** aux ailes déployées.

Le donjon vu depuis l'est, avec la tour sud du Petit Bastion.

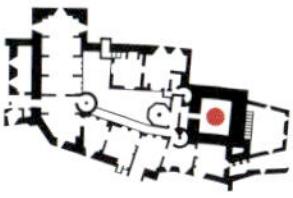

Aigle en cuivre, par Kunitz (de Berlin), 1906.

Galerie en bois, au premier étage, lors de la restauration. On peut voir la mise en place des relevés effectués au château de Valère en Suisse (Charenton-le-Pont, MAP, AP).

Trois femmes (ci-dessous) et **deux des neuf preux** (au centre) ornant les galeries du logis sud.

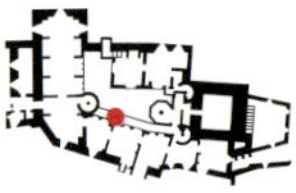

Les galeries en bois

Le logis sud est orné de galeries en bois du côté de la cour intérieure. Elles ont été réalisées après analyse des consoles, trous de boulin et encadrements de porte encore conservés. Si rien ne permet d'affirmer que le profil des assemblages est « authentique », en revanche la fonction d'axe de circulation correspond vraisemblablement à la réalité historique. Sur la première galerie, les neuf preux sont inspirés de ceux de la salle des Calendes du château de Valère, au-dessus de Sion (Suisse), datant de 1470.

Sur la seconde galerie, les trois femmes, Isolde, Aglei et Amelei, sont reprises du château de Runkelstein près de Bozen (Sud-Tyrol, Italie). Les vertus des héros conquérants et celles de l'amour, vertus médiévales par excellence, sont ainsi honorées au Haut-Kœnigsbourg.

Premier projet de Bodo Ebhardt pour le décor (non réalisé) des galeries en bois, gouache (Philippsburg à Braubach, Allemagne).

Le logis nord

Au nord, Bodo Ebhardt a donné des noms aux suites de pièces : « appartement des Maréchaux » au premier étage, « suite de l'Impératrice » au second, comme en témoignent des projets dessinés ainsi que les armoiries de l'épouse de Guillaume II au-dessus de la porte séparant les deux pièces. Le décor de lambris imaginé par l'architecte est vraisemblable dans des pièces exposées au nord. À partir du milieu du XVe siècle, l'assemblage de lambris, isolant plus efficace que les tentures et tapisseries, n'avait plus de secret pour les menuisiers.
Dans la première pièce, le poêle est réalisé à partir de deux plaques découvertes lors des fouilles et de deux frises reproduisant des carreaux de poêle trouvés également dans les décombres.
Le mobilier est composé de meubles authentiques des XVe, XVIe voire XVIIe siècles mais aussi de quelques rares copies de meubles exceptionnels, comme celle d'un coffre conservé au château de Valère.

La plupart des pièces de mobilier présentées ont été acquises par le Hohkönigsburgverein, qui avait également acheté des étoffes, tapisseries, peaux de bêtes, ou encore des coffrets ou des étains et de la vaisselle – petits objets, pièces précieuses ou fragiles qui donnaient l'impression que le seigneur venait à peine de quitter le logis. Pour des raisons de conservation, ils sont aujourd'hui placés dans les réserves.
Au dernier étage du logis nord ont été installées les cuisines impériales, équipées d'un mobilier moderne pour l'époque : armoire chauffante, immense cuisinière avec ballon d'eau chaude, évier avec mitigeur. Tout était prévu pour les visites de l'empereur. La seconde pièce était pourvue d'un meuble pour les pains de glace, d'une armoire réfrigérante, d'un pilon à glace et d'un billot à peine utilisé.

Chambre de l'Impératrice avant 1914.

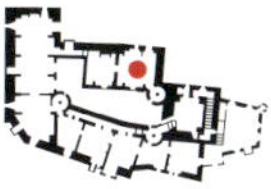

Coffre, bel exemplaire à ferrures-pentures (fin du XVe ou début du XVIe siècle) acquis à Benfeld au début du XXe siècle.

Le niveau supérieur, avant restauration (Charenton-le-Pont, MAP, AP). À l'étage inférieur, on voit la porte donnant sur la salle d'armes.

Double page suivante **Après restauration :** les armures reposent sur les consoles correspondant à un plancher non reconstitué.

La salle du Kaiser

Les consoles sur les piliers ainsi que les fenêtres au deuxième niveau attestent l'existence, à une époque antérieure, d'un plancher ; afin d'obtenir une salle haute, il n'a pas été restitué.
Une mezzanine était prévue à cet endroit, mais seul l'espace dit « tribune des musiciens » fut réalisé au-dessus de la chambre Lorraine.
Cette salle évoque l'histoire du château et témoigne des ambitions impériales et médiévales du Kaiser. Sur les murs, vers la cour intérieure, Leo Schnug a peint le siège de 1462 en imaginant le château sous sa forme actuelle.
Sur le mur lui faisant face, un tournoi, inspiré d'un roman de Julius Wolff paru en 1900 sur le Haut-Kœnigsbourg, oppose les Rathsamhausen et les Tierstein, alliés aux Ribeaupierre alors qu'historiquement ces deux dernières familles étaient plutôt rivales !
Sur la voûte un aigle déploie ses ailes en direction de la couronne rayonnante des Hohenzollern peinte au-dessus de la cheminée. Ses ailes présentent les armoiries des princes électeurs, qui élisaient l'empereur à l'époque du Saint Empire romain germanique.

Vue sur la tribune des musiciens.

En cœur figurent les armoiries des Hohenzollern. De part et d'autre de l'aigle, les armoiries de Haute et de Basse-Alsace, celles de Lorraine et de dix villes alsaciennes rappellent l'appartenance de la terre d'Empire à l'Allemagne.
Au niveau des créneaux peints sur la voûte, près de la cheminée, un basset évoque probablement Esmond, le chien qui accompagnait Guillaume II lors de ses revues militaires.

Page de gauche **Aigle impériale** sur la voûte, avec la devise prussienne *Gott mit uns* (Dieu avec nous) dans l'auréole.

Portrait de Bodo Ebhardt, par Leo Schnug, 1912.

Moulage d'un ivoire supposé représenter le vrai Haut-Kœnigsbourg, avec son donjon rond.

Polémique autour du donjon

Armes des Hohenzollern, vitrail, début du XXe siècle.

Au-dessus de la tribune, on reconnaît Bodo Ebhardt et les armoiries de Brême, sa ville natale ; il brandit un gourdin pour se défendre contre des guêpes. Face à lui, un jeune homme (l'éditeur Heitz ou plutôt E. Major) porte un écu avec une tour ronde et tient une plume qui dégouline, un corbeau enchaîné non loin de lui. Cette scène évoque la polémique qui s'est déchaînée sur la forme du donjon quelques mois avant l'inauguration du château. En effet, après la publication d'une gravure supposée montrer la vraie silhouette du Haut-Kœnigsbourg, les détracteurs de la restauration impériale avaient alerté la presse. Cette polémique, amplifiée par Hansi dans son livre plein d'humour (mais aussi d'erreurs) sur le Haut-Kœnigsbourg, a contribué à donner une piètre image de la restauration. Or Ebhardt avait simplement relevé le donjon carré sur la base des deux niveaux encore en place et des textes d'archives. Même Otto Piper, son ennemi juré, avait alors reconnu qu'un donjon circulaire était peu probable. Théoriquement, l'architecte prônait la restitution du château de 1479 en y intégrant les ajouts des époques suivantes. La vraie question concernant la restauration du donjon n'était donc pas celle de sa forme mais celle de sa hauteur.

Saint Georges, par Leo Schnug, cheminée de la salle du Kaiser.

En effet, selon ce principe, il eût fallu maintenir le donjon au niveau des toitures du logis. Or, partisans et détracteurs de la restauration ne posèrent pas cette question car, d'évidence, un château fort sans donjon n'était plus un château fort! Comme au Moyen Âge, cette tour jouait, au début du XXe siècle, un rôle symbolique et sans doute esthétique. Sur la cheminée, un saint Georges tuant le dragon a remplacé deux arbres généalogiques consacrés aux Tierstein.
De part et d'autre figurent des armoiries : du côté est, celles des Habsbourg (Maximilien) ; du côté ouest, celles du Schleswig-Holstein (région naguère administrée par une famille alliée des Hohenzollern et récemment conquise par l'Empire).
Des lambris de style gothique tardif, inspirés du décor de la salle de l'hôtel de ville d'Ueberlingen en Allemagne, sont ornés de statuettes : les unes, disposées entre la cheminée et la tribune des musiciens, du côté est, portent les armoiries des membres de la maison des Hohenzollern en vie en 1912 ; les autres, situées sous la tribune des musiciens, montrent de gauche à droite les armoiries des terres habsbourgeoises en Alsace, et illustrent l'ascension des Hohenzollern : les Zollern devinrent burgraves de Nuremberg, margraves de Brandebourg (au-dessus de la porte, à droite), puis rois de Prusse (à gauche) et enfin empereurs du IIe Reich (au centre).
À droite de la porte se voient les armoiries de Guillaume Ier, de Frédéric et de Guillaume II, ainsi que celles de leurs épouses.
À cette ascension continue d'une famille s'opposent, au-dessus de l'autre porte, les armoiries de Napoléon Ier flanquées de celles des Orléans et des Bourbons. Napoléon, de fait, avait eu l'ambition, au début du XIXe siècle, de restaurer l'empire de Charlemagne, sans pouvoir s'enorgueillir d'une prestigieuse généalogie.
Les statuettes féminines à proximité du poêle du côté ouest portent les armoiries des sœurs de Guillaume II et de sa fille unique (avant son mariage).
Les écus des statuettes qui ornent le mur ouest ont été choisis pour évoquer, depuis les Hohenstaufen jusqu'à Frédéric III de Habsbourg (à gauche de la cheminée), la décadence des empereurs ou des rois et anti-rois du Saint Empire romain germanique. Ainsi, à travers l'iconographie de cette pièce, Guillaume II se pose en empereur convaincu de la grandeur des Hohenzollern et sûr (en 1912!) de restaurer l'empire d'Occident. On voit, particulièrement dans cette pièce, que la démonstration politique tentée sur les décors sert surtout les ambitions de Guillaume II. Quant aux bannières, elles représentent les armoiries de divers propriétaires et occupants du château à la fin du Moyen Âge.

Statuette aux armes des Zollern.

Statuette présentant les armoiries des Hohenzollern, burgraves de Nuremberg.

Armoiries des Hohenzollern, rois de Prusse, empereurs d'Allemagne, margraves de Brandebourg (de gauche à droite).

Chambre Lorraine, avant 1914 et aujourd'hui.

La chambre Lorraine

Dans cette pièce est exposé un mobilier lorrain offert par la Société d'histoire et d'archéologie de Lorraine ; ainsi qu'un Graouly (dragon du folklore messin), réplique de celui de la cathédrale de Metz, une copie de la cheminée et des stucs imitant ceux du plafond de la maison dîmière de Rettel près de Sierck.

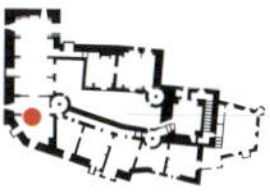

Le logis sud

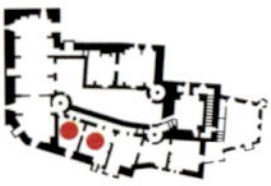

Ce logis qui, d'après les inventaires, était réservé aux comtes de Tierstein, propose une même succession de pièces au-delà de la chapelle. Cette **chapelle** comporte une mezzanine, une clé de voûte et des croisées d'ogives restaurées sur la base de ce qui était encore en place.

Vitrail aux armes des Hohenzollern, début du XXe siècle.

Chapelle restituée dans l'angle entre les ailes sud et ouest.

Juste à côté de la chapelle se trouvait une **chambre à coucher** chauffée par une cheminée puis un **séjour** pourvu d'un oriel qui rendait lumineuse une partie de la pièce. Ce logis est le seul à bénéficier de latrines, intégrées dans la chambre à coucher, et de deux axes de circulation. En effet, du côté nord, les pièces ne sont accessibles qu'en enfilade, mais, du côté sud, la galerie en bois extérieure permettait d'aller d'un endroit à un autre sans pénétrer dans le logis comtal.
Le mobilier acquis par le Hohkönigsburgverein permet de se rendre compte de la fonction d'une des chambres à coucher comme de l'utilité d'un oriel.
Quant aux poêles en céramique vernissée, ils ont été réalisés par une entreprise de Nuremberg à partir de carreaux trouvés lors des fouilles.

Salle d'armes, étage inférieur, avant restauration (Charenton-le-Pont, MAP, AP) et après.

Double page suivante
Vue sur le jardin supérieur et le Grand Bastion, depuis le donjon.

La salle des trophées de chasse et la salle d'armes

Au premier étage, une salle, ornée de massacres de cerfs tirés par Guillaume II en Allemagne et offerts au château, a été peinte par Leo Schnug en 1914.
Elle donne accès à la salle d'armes, dont les arcs ont été reconstitués à partir d'une arcade encore en place.
Un plafond acquis à Strasbourg y a été intégré. Les vitraux réalisés en style néogothique par Édouard Stritt évoquent les occupants médiévaux du Haut-Kœnigsbourg, tandis que les armoiries sculptées sur les piliers représentent les principales villes et principautés formant le IIe Reich à la veille de la Première Guerre mondiale. Celles-ci sont également évoquées sur le vitrail du fond de la salle. Le poêle vernissé vert est inspiré d'une pièce exceptionnelle conservée au château de Salzbourg.
Des armes achetées lors de ventes aux enchères forment l'embryon d'une collection qui devait évoquer l'armement du château à la fin du Moyen Âge.

Saint Hubert en prière, sous le massacre d'un cerf tiré par Guillaume II.

Salle des trophées de chasse.

Jardin supérieur avec balustrade et banc néo-Renaissance.

Porte avec linteau orné d'une coquille, menant du logis ouest au jardin supérieur.

Le jardin supérieur

On y accède, au sortir du logis ouest, en franchissant un **fossé** dans lequel on peut observer les traces de deux tentatives pour creuser un puits au XVIe siècle. Le jardin a été reconstitué dans un décor néo-Renaissance. D'après les textes, c'est au XVIe siècle en effet que les étuves et le four à pain construits à cet endroit ont été déplacés vers le Grand Bastion. Parallèlement, la terre qui remplissait le fossé jouxtant le logis ouest a permis de réaliser le jardin supérieur. Petites fenêtres et latrines témoignent effectivement de la présence de bâtiments romans à cet endroit. La réalisation d'un jardin au XVIe siècle répond peut-être à un besoin de confort. En outre, cet espace jouait sans doute un rôle non négligeable dans la défense du château contre l'artillerie. De fait, depuis la crête, il est impossible de voir le logis d'habitation, occulté par le bâtiment construit sur la plate-forme d'artillerie. Ainsi l'ennemi était-il obligé de tirer à l'aveuglette, le jardin, « zone tampon », recevant un certain nombre de projectiles sans conséquences pour le logis. Un linteau de porte orné d'une coquille a été reproduit à l'identique sur la porte en grès du logis ouest. Selon les textes publiés au XIXe siècle, le linteau original a été trouvé dans le couloir sous la plate-forme d'artillerie.
La **margelle** signale une citerne à filtration dont l'emprise au sol est donnée par le dallage en grès. Sous ce dernier, une cuve carrée remplie de sable et de petits cailloux filtrait grossièrement les eaux de pluie qui arrivaient par une canalisation ; l'eau tirée du puisard central était par conséquent relativement claire. Du jardin on distingue bien l'aigle couronnant le donjon. Emporté par une tempête en février 1995, il a révélé un parchemin signé de Guillaume II et des journaux de 1906 datant de la cérémonie qui marqua l'achèvement du gros œuvre du château. Une fois restauré, il a repris sa place ainsi que les documents originaux.

Le Grand Bastion ou plate-forme d'artillerie

Un grand escalier séparé de la plate-forme d'artillerie par un pont-levis donne accès au Grand Bastion. La création de ce pont-levis fait partie des grandes questions soulevées lors de la restauration. La tour sud est inspirée d'une gravure datant de la guerre de Trente Ans, qui représente le château ; le bâtiment central résulte de l'interprétation d'un texte de 1562 qui précise qu'à la suite d'une tempête le bâtiment abritant les canons devait être reconstruit avec deux pignons en pierre. Compte tenu de la date des archives, Bodo Ebhardt a réalisé ces derniers dans le style Renaissance. Les canons, copies de pièces conservées à l'arsenal de Berlin, retracent un rapide historique de l'évolution de l'artillerie. Ce bâtiment est orné des armoiries des Sickingen au niveau du pont-levis. En effet, les textes concernant cette partie du château remontent à la seconde moitié du XVIe siècle. Quant aux armoiries des Fugger, elles sont à mettre

Façade extérieure du Grand Bastion sur le jardin.

Vue depuis la crête avant sa restauration (Charenton-le-Pont, MAP, AP). La petite ouverture et le cône de déjection marquent l'emplacement d'un monte-charge qui a été restauré.

Le Grand Bastion après restauration.

Petit canon sur la plate-forme d'artillerie.

Casemates avant restauration (Charenton-le-Pont, MAP, AP), et après.

Plate-forme d'artillerie du Grand Bastion.

en relation avec la période de la guerre de Trente Ans. Le panorama que l'on découvre depuis cette plate-forme explique le choix du site au XIIe siècle : au sud-ouest, les Vosges et, par très grand beau temps, les Alpes ; au-delà de la plaine d'Alsace, le Kaiserstuhl et plus loin la Forêt-Noire ; vers le nord-est, l'Ortenberg, le Ramstein et Strasbourg ; au nord, la Frankenburg et les vallées de Villé et de Sainte-Marie-aux-Mines. Du côté nord, des casemates abritent une exposition sur la restauration du château.

La dernière volée de marches inférieures et la sortie dans les lices nord ont été réalisées en 1980 pour des raisons de sécurité.
Les lices nord permettent de se familiariser avec les différentes parties du château : massif de défense avec plate-forme d'artillerie à l'ouest ; enceinte avec témoins romans le long du jardin supérieur ; mur fermant le fossé intérieur, puis aile ouest dont la base prend appui au pied de l'éperon rocheux, tandis que le logis nord est renforcé par un contrefort du XVIe siècle, épaulant le rocher.

Le Haut-Kœnigsbourg,
décor dans *La Grande Illusion*

Dans *La Grande Illusion*, film réalisé par Jean Renoir en 1937, le Haut-Kœnigsbourg représente la forteresse de Hallbach, ultime camp de prisonniers de Boieldieu (Pierre Fresnay), Maréchal (Jean Gabin) et Rosenthal (Marcel Dalio) sous la garde de Rauffenstein (Erich von Stroheim). Les chemins de ronde à proximité de l'entrée servent de cadre à la scène de la flûte après laquelle Boieldieu sera blessé mortellement par Rauffenstein sur les rochers des lices sud. Pendant ce temps, Maréchal et Rosenthal s'évadent par le bastion en étoile. La cour basse, la cour intérieure, le parc aux bêtes, les escaliers montant vers l'éperon rocheux servent aussi de décor pour différentes scènes du film. Les intérieurs (scène du géranium, lieu d'où s'échappe Maréchal) sont des décors de studio inspirés de pièces du château.

Pierre Fresnay jouant de la flûte sur le chemin de ronde de l'enceinte sud.

À gauche **Le bastion en étoile.** C'est de là que Jean Gabin et Marcel Dalio s'évaderont de la forteresse.

Affiche du film de Jean Renoir, avec la silhouette du donjon en arrière-plan.

L'esprit de la restauration

On se gardera bien de porter un jugement trop hâtif sur la restauration du Haut-Kœnigsbourg. À Pierrefonds, la restauration, entreprise à partir de 1858 par Viollet-le-Duc pour Napoléon III, s'est faite sans tenir compte des nécessités de la vie quotidienne au Moyen Âge. Le château est une demeure impériale aux fastueux décors conçus par Viollet-le-Duc sur des thèmes médiévaux. Le style se ressent du XIXe siècle et le château semble servir de cadre aux loisirs impériaux, tout comme le Trianon avait été imaginé pour ceux de Marie-Antoinette.
Au Haut-Kœnigsbourg comme à Pierrefonds, l'architecture a été restituée à partir d'une lecture attentive des témoins laissés par le temps. Si le château fort de montagne n'est pas aussi riche en sculptures, les éléments de la vie quotidienne y sont maintenus et restaurés : latrines, éviers, puits, cheminées, poêles, citernes. Au Haut-Kœnigsbourg, la recherche de vestiges archéologiques semble avoir été menée de manière plus systématique : fragments de verre, carreaux de poêle…, servant de modèles lors de la restauration. Ce matériel archéologique a été exploité au mieux dans l'optique d'une restitution. Les décors de Leo Schnug sont dans l'esprit des troubadours, pour célébrer la gloire impériale ; alors que d'autres peintures ou vitraux sont des copies

En haut
Le château de Pierrefonds, restauré par Viollet-le-Duc.

En bas
Le Haut-Kœnigsbourg pendant les travaux de restauration. Carte postale, début du XXe siècle.

d'éléments contemporains des XVe et XVIe siècles mis au jour dans des monuments comparables (Valère…). Le château de Chillon (Suisse) fut restauré par Albert Naef au même moment, sur des principes similaires.

Peut-on, à partir de là, estimer que Bodo Ebhardt a restauré fidèlement le château médiéval? Non. L'application systématique de ces principes interdit toute certitude dans ce domaine. En revanche, à quelques dérapages près (signalés plus haut), la restauration relève du vraisemblable pour la défense et pour la vie quotidienne. Le Haut-Kœnigsbourg résulte de l'application de principes scientifiques (respect de l'architecture en place, recours aux indices archéologiques et aux textes d'archives) qui permettent de voir en ce château un merveilleux outil pédagogique. Parallèlement, Georg Dehio (1850-1932), professeur à l'université de Strasbourg, membre du Hohkönigsburgverein, lançait, malgré tout, une vibrante campagne contre la restauration d'une aile du château de Heidelberg pour les raisons qui conduiront à la rédaction de la Charte de Venise en 1964 (« La restauration s'arrête là où l'hypothèse commence »). Le début du XXe siècle propose ainsi les restaurations les plus vraisemblables depuis le XVIIIe siècle, qui permettent de mieux comprendre la vie d'une époque. Témoin de l'enthousiasme pour le Moyen Âge, le Haut-Kœnigsbourg est aussi le lieu où Guillaume II inscrit son admiration pour le Saint Empire romain germanique qu'il rêve de ressusciter à travers la toute jeune dynastie des Hohenzollern.

Le château aujourd'hui, vu depuis Saint-Hippolyte.

Journées historiques organisées au château avec la Compagnie Saint-Georges.

Orientation bibliographique

Baridon (Laurent), Pintus (Nathalie), *Le Château du Haut-Kœnigsbourg. À la recherche du Moyen Âge,* Paris, CNRS, Éditions du patrimoine, 1998.

Brommer (Hermann), *Le Haut-Kœnigsbourg,* Ratisbonne, Schnell Steiner, 3e éd., 2000.

Christ (Dorothea), *Zwischen Kooperation und Konkurrenz. Die Grafen von Tierstein, ihre Standesgenossen und die Eidgenossenschaft im Spätmittelalter,* Zurich, Chronos, 1998.

Fuchs (Monique), « Die Hohkönigsburg, Beispiel einer Restaurierung um 1900 », in *Burgenromantik und Burgenrestaurierung um 1900. Der Architekt und Burgenforscher Bodo Ebhardt in seiner Zeit,* cat. exp., Braubach, 1999.

***La Grande Illusion* (Jean Renoir),** Saint-Étienne, Balland, coll. « Classiques du cinéma », 1975.

Metz (Bernhard), Biller (Thomas), Castellani (Élisabeth), Fuchs (Monique), « Le Haut-Kœnigsbourg », *Connaissance des arts,* hors série n° 88, 1996.

Waechter (Maryvonne), Noto Campanella (Yves), *Haut-Kœnigsbourg,* Pierron, 1999.

Légendes

CMN : Centre des monuments nationaux, Paris.
MAP, AP : Médiathèque de l'architecture et du patrimoine, Archives photographiques, Charenton-le-Pont.

Couverture
1re : vue aérienne du château.
4e : armes des Hohenzollern, détail d'un projet de carton pour l'inauguration, réalisé par Leo Schnug en 1908.
1er rabat : calendrier avec marques des différentes années de chantier, lices sud.

Chronologie
De gauche à droite et de haut en bas :
- Événements et occupants du château : voir p. 43h, 11c, 34b, 16-17, 20-21, 23, 26c.
- Propriétaires du château : voir 4e de couv., p. 14c, 15b, 20h, 41cd, 45h.
- Vie politique : Allemagne voir p. 7b, 14b, 41cd, 36h, 62c.
- Vie politique : France Louis VII, gravure, DR ; Phillipe le Bel (Saint-Denis), François Ier d'après Clouet, Louis XIII, Louis XIV d'après Mignard (coll. château de Chambord), CMN/Pascal Lemaître ; Napoléon III, monnaie 1855 (coll. Malécot), CMN/Patrick Cadet.
- Autres châteaux forts en France : voir p. 62h.

Crédits photographiques

AKG, Photos Paris : 4b, 5, 7h, 12b, 15c ; Christoph L : 61hd, 61b ; MAP, AP/reprod. CMN : 42h, 44hg et cg, 45cg, 46hd, 49h, 55h, 59b, 60bc ; CMN/Philippe Berthé : 62h ; CMN/Gaël Clariana : 1h, 4h, 8h, 15b, 27h, 31b, 34b, 35b, 37c, 40, 41h, 42b, 43cd, 45cd, 45b, 47b, 52c, 58h, 58b, 60bg, 61hg ; CMN/Jean Feuillie : 49b, 53bg ; CMN/Alain Lonchampt : 1cb, 9, 13, 14b, 15h, 16b, 36b, 37hg, 41b, 43h, 44cd, 44b, 50-51, 52b, 54, 55cb, 56-57, 58c, 60c, 63h ; coll. château du Haut-Kœnigsbourg : 6, 18, 22, 23, 43, 62b ; coll. château du Haut-Kœnigsbourg/Christian Kempf : Ire et 4e de couv., Ier rabat ; coll. part. : 30h ; Françoise Danrigal : 63b ; Inventaire Alsace/reprod. Jean Erfurt : 10, 11h, 24, 25, 26, 27h, 28-29, 30b, 31h, 32, 33, 44cd, 46b, 47h, 53bd ; Inventaire du patrimoine culturel Alsace/reprod. Svardon : 14h ; Christian Kempf : 7b, 8c, 11c et b, 14c, 16-17h, 19, 20h, 20-21b, 21h, 34h, 35b, 36h et c, 37b, 42c, 44hd, 45h, 46hg et c, 52h, 53h et c, 60h, 60bd ; Mathieu Lerch : 2-3 ; musée de Strasbourg : 37hd ; Jean-Marie Nick : 10b ; Top/Robert César : 12h, 43bg, 48, 59h.

Centre des monuments nationaux
Président
Isabelle Lemesle
Directeur général
Pierre Deprost

Éditions du patrimoine
Directrice des éditions
Dominique Seridji
Responsable des éditions
Clair Morizet
Responsable adjointe
Karin Franques

Responsable de la collection
Alix Sallé
Coordination éditoriale
Michèle Decré-Cyssau
Coordination documentaire
Françoise Arnault
Correction
Antoine Hazan
Infographie
Jean-Philippe Guillerme
Conception graphique
Atalante/Paris
Réalisation graphique
Jean-François Gautier
Dune Lunel
Suivi de fabrication
Carine Merse
Photogravure
Scann'Ouest/Saint-Aignan-de-Grand-Lieu
Impression
IME/Baume-les-Dames, France

Dépôt légal 1re édition : mars 2001
Nouvelle édition : 2004
Réimpression : 2007, août 2010

ISSN 1159-1722
ISBN 978-2-85822-607-8